BIOGRAPHIE

DE

M. CHASLES

Membre de l'Institut

PAR

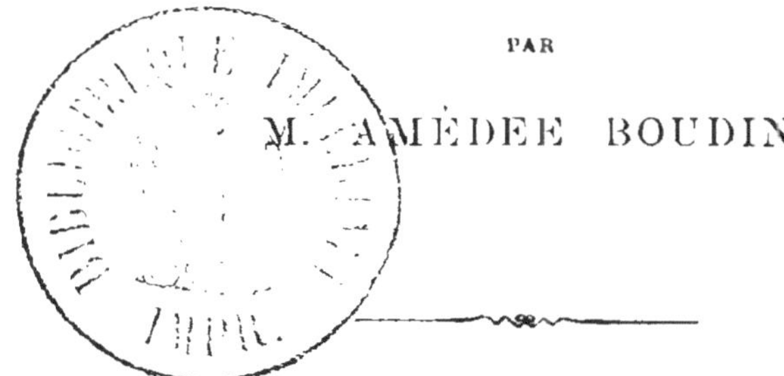

M. AMÉDÉE BOUDIN

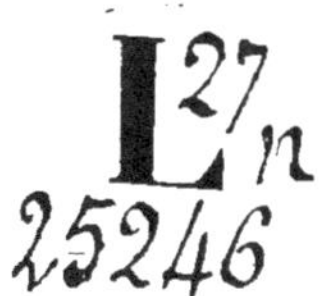

PARIS

BUREAUX : 5, PASSAGE CHAUSSON

(Boulevard Magenta)

—

1869

M. CHASLES

BIOGRAPHIE

DE

M. CHASLES

Membre de l'Institut

PAR

M. AMÉDÉE BOUDIN

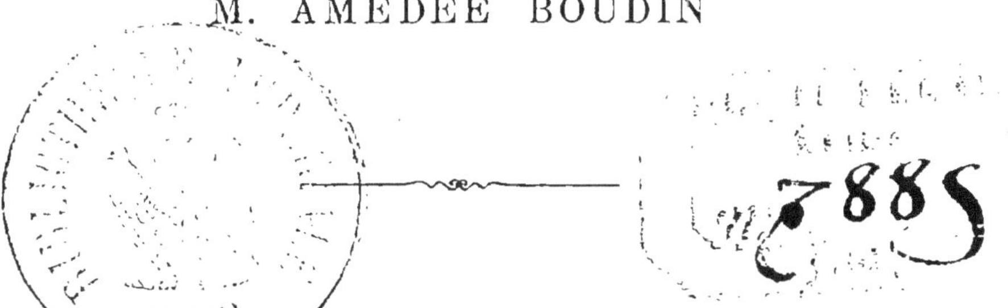

PARIS

BUREAUX : 5, PASSAGE CHAUSSON

(Boulevard Magenta)

—

1869

M. CHASLES

I

CHASLES (Michel), géomètre français, membre de 'Institut (Académie des sciences), professeur à la Faculté des sciences; membre de la Société royale de Londres; le l'Académie royale d'Irlande; de l'Académie impériale des sciences de Saint-Pétersbourg; des Académies royales de Berlin, Bruxelles, Copenhague, Madrid, Turin, Naples, Modène; de l'Académie pontificale des *Nuovi Lincei* de Rome; de l'Académie des sciences de l'Institut de Bologne; de l'Institut lombard des sciences et lettres ; de l'Institut vénitien des sciences, lettres et arts ; de l'Athénée vénitien des sciences et lettres ; de l'Académie américaine des arts et sciences de Boston ; de l'Académie nationale des États-Unis d'Amérique ; commandeur de la Légion d'honneur ; commandeur de Charles III d'Espagne, est né à Épernon (Eure-et-Loir) le 15 novembre 1793.

Admis à l'École polytechnique en 1812, il en sorti en 1814 dans le génie militaire, et donna sa démission.

Élu correspondant de l'Académie des sciences en 1839, il fut désigné en 1841 pour occuper, à l'École polytechnique, la chaire d'astronomie et de mécanique appliquée, dans laquelle l'avaient précédé Arago et Savary. Bientôt une chaire de *géométrie supérieure*, créée à la Faculté des sciences en 1846, sous le ministère de M. de Salvandy, à la demande de M. Poinsot, lui fut confiée. C'était la partie des mathématiques qu'il cultivait avec prédilection. Il put ainsi continuer à apporter un large contingent aux progrès de l'esprit humain. En effet, tous les savants, tous les écrivains s'accordent à reconnaître chez M. Chasles « une très grande érudition mathématique, » et le regardent « comme le créateur de cette branche moderne des mathématiques qu'on désigne sous le nom de *géométrie supérieure.* » Il connaît à fond les travaux des Anciens, des Arabes et des Indiens, et il a publié un grand nombre de notices fort intéressantes sur l'histoire des sciences exactes.

Il était encore sur les bancs de l'École polytechnique, quand la théorie des surfaces du second degré, « qui lui doit aujourd'hui tant de belles découvertes, » fut l'objet de ses premiers travaux, insérés dans la *Correspondance sur l'École polytechnique* (années 1813 et 1815). « Jusqu'alors, dit M. Merlieux, on n'avait de la double génération de l'hyperboloïde à une nappe par une ligne droite que la démonstration analytique de Monge : M. Chasles en donna, à son entrée à l'École polytechnique, une démonstration purement géométrique, qui prit aussitôt place dans l'enseignement. » Il faut aussi reporter au temps de sa première jeunesse le mérite de différents théorèmes qui lui sont propres, et que M. le général Poncelet a cités dans son *Traité des propriétés projectives des figures* (Paris, in-4°, 1822).

Les nombreux et importants travaux de M. Chasles
se trouvent disséminés dans les divers recueils spéciaux
français et étrangers, tels que : le *Journal de l'École
polytechnique*, les *Annales de mathématiques* de
M. Gergonne, la *Correspondance mathématique et
physique* de M. Quételet, les *Nouveaux Mémoires
de l'Académie de Bruxelles*, le *Journal de mathématiques* de M. Liouville, les *Comptes rendus
de l'Académie des sciences*, la *Connaissance des
temps*.

Nous citerons en première ligne ses mémoires sur
l'*Attraction des Ellipsoïdes*, publiés dans le *Journal* de l'École polytechnique (25ᵉ cahier, année 1837),
et dans les *Comptes rendus* de l'Académie, en 1835,
1837 et 1838, et son mémoire inséré, en 1840, dans
le *Recueil des Savants étrangers*, sur l'*Attraction
d'un ellipsoïde hétérogène sur un point extérieur*,
qui a été le sujet d'un rapport fort intéressant de l'illustre M. Poinsot ; ses *Théorèmes généraux sur
l'Attraction des corps de forme quelconque* (Addi-
tions à la *Connaissance des temps* pour 1845), où il
apprend à construire des couches attractives infini-

ment minces, jouissant des propriétés des couches électriques formées à la surface des corps conducteurs.

II

Vers 1828 ou 1829, l'Académie de Bruxelles avait mis au concours cette question :

« On demande un examen philosophique des différentes méthodes employées dans la géométrie récente, et particulièrement de la méthode des polaires réciproques. » M. Chasles y répondit par son *Aperçu historique sur l'origine et le développement des méthodes en géométrie, particulièrement de celles qui se rapportent à la géométrie moderne, — suivi d'un mémoire sur deux principes généraux de la science, la dualité et l'homographie* (in-4°).

Cet ouvrage, quoique couronné par l'Académie en 1830, ne parut cependant qu'en 1837, après avoir reçu de nombreux développements dans la partie purement historique. L'auteur y a joint, sous le titre de Notes (au nombre de 34, p. 271 à 571), l'analyse de mémoires déjà préparés et qui ont été l'objet de ses publications ultérieures. C'est dans une de ces Notes qu'il a posé les bases de la restitution des porismes d'Euclide qui a fait depuis le sujet de l'ouvrage intitulé : *Les trois livres de Porismes d'Euclide, rétablis pour la première fois d'après la notice et les lemmes de Pappus, et conformément au sentiment de R. Simson sur la forme des énoncés de ces propositions* (Paris, 1860 in-8°).

III

Il importe de rappeler que c'est principalement dans les recherches de géométrie pure qu'éclate la puissance du génie original et fécond de M. Chasles. Avant lui cette science avait des limites trop restreintes. C'est à lui qu'il était réservé de découvrir certaines méthodes, à l'aide desquelles il résout, sans le secours de l'algèbre, les questions les plus difficiles de la géométrie. Il a donc, par le fait, créé une nouvelle branche des mathématiques caractérisée essentiellement par l'uniformité de la méthode, c'est-à-dire des procédés géométriques de démonstration et par la portée de ses applications.

— 11 —

« Pour en donner une idée, dit M. Merlieux, il nous
suffira de dire que non-seulement M. Chasles déduit
immédiatement d'un principe unique toutes ces belles
propriétés des sections coniques connues sous les noms
de Théorèmes de Pappus, de Desargues, de Pascal, de
Newton, de Carnot, de Brianchon, etc., mais encore
qu'il en établit une foule d'autres à l'aide de ce même
principe et d'une certaine loi de corrélation. » (*Biogra-
phie contemporaine* de Firmin Didot.)

Lorsqu'il fut appelé à la chaire de géométrie
supérieure à la Faculté des sciences, l'illustre professeur commença à coordonner les éléments de cette
science, dont il a publié la première partie dans un
Traité de Géométrie supérieure (Paris, 1852, un
vol. in-8°). Le second volume, contenant les applications aux sections coniques, a paru en 1859.

« Le *Traité de Géométrie supérieure*, dit
« M. Bertrand dans le *Journal des Savants* (janvier
« 1866), contient les principes généraux qui doivent
« acquérir, par la multiplicité et l'uniformité de leur
« application, l'importance d'une méthode générale
« de démonstrations et de recherches... On a remarqué

« que chez certains poètes, chez Lucrèce, par exemple,
« l'enchaînement continu des idées est tel, que l'on est
« aussi peu tenté d'en arracher un vers pour le citer
« seul, que de détacher une feuille d'un arbre ou un
« flot de la mer. L'ouvrage de M. Chasles mérite la
« même louange et le même reproche. Tout y est en-
« chaîné avec tant d'art, les corollaires sont tellement
« nécessaires pour faire juger de la fécondité et de
« l'étendue des propositions principales, qu'il est im-
« possible, par une courte citation, de donner une idée
« de la manière de l'auteur. Il dispose les matières
« avec tant d'ordre ; ses méthodes, qui, presque toutes,
« lui appartiennent en propre, se développent avec tant
« de continuité, comme les anneaux d'une même chaîne,
« et s'étendent si naturellement en s'appuyant sur les
« mêmes principes, depuis le premier chapitre du
« *Traité de Géométrie supérieure* jusqu'à la der-
« nière page de la théorie des sections coniques, qu'un
« lecteur, fût-il des plus habiles, qui, pour mieux
« s'attacher aux grandes questions, prétendrait négli-
« ger les moindres, serait exposé à ne rien comprendre,
« tant qu'il se refuserait à lire l'ouvrage entier, cha-
« pitre par chapitre, et avec une exacte attention. »

IV

Ce savant a publié, en 1843, une *Histoire de l'A-
rithmétique* (Bachelier, in-4°), dans laquelle, en
s'appuyant sur un passage de Boèce et en analysant
plusieurs traités de l'*Abacus*, principalement celui de
Gerbert, il a établi l'origine pythagoricienne de notre
système d'énumération, que l'on croyait exclusive-
ment emprunté aux Arabes. Quelques citations tirées
de l'*Arénaire* d'Archimède lui ayant été opposées,
M. Chasles répondit par un savant commentaire sur
ce traité, dans lequel il démontre « qu'aucune des considérations arithmétiques qui se trouvent dans l'*Arénaire* n'autorise à penser qu'Archimède n'a pas connu
le système de numération décrit par Boèce sous le
nom d'*Abacus*. »

On doit à M. Chasles divers *Mémoires* insérés dans
les *Comptes rendus* des séances de l'Académie des
sciences : construction de la courbe du troisième ordre,
déterminée par neuf points ; construction des racines
des équations du troisième et du quatrième degré
(1854-1855) ; description des courbes à double cour-

bure de tous les ordres; sur les six droites qui peuvent être les directions de six forces en équilibre, etc.

Mais il faut distinguer surtout, dans cette suite de recherches incessantes, l'importante méthode générale qu'il a fait connaître dans ces dernières années (*Comptes rendus* de l'Académie des sciences, année 1864 et suivantes), pour déterminer une conique assujettie à cinq conditions, quelles qu'elles soient ; méthode dont les principes s'appliqueront aux courbes de tous les ordres, lorsqu'on connaîtra le nombre des courbes d'un ordre déterminé, qui satisfont aux seules conditions de passer par des points et de toucher des droites.

Pour obtenir cette méthode, l'auteur considère un système de coniques assujetties à quatre conditions communes, ou, en général, un système de courbes d'ordre quelconque, assujetties à autant de conditions communes, moins une, qu'il en faut pour déterminer complètement une telle courbe. Il démontre que toutes les propriétés d'un tel système se peuvent exprimer en fonction de deux seuls nombres, qu'il appelle les *caractéristiques* du système, et qui sont le nombre des courbes du système qui passent par un même point, et le nombre des courbes qui touchent une même droite.

Cette conception réduit l'étude des propriétés du système de courbes à l'étude d'un système unique, représenté par les deux *caractéristiques*.

M. Chasles démontre un très grand nombre de propriétés de ce système général, qui s'expriment toutes par un binome, dont les deux termes sont les deux caractéristiques affectées de coefficients numériques.

Il étend ces considérations aux systèmes de coniques considérées dans l'espace, qui demandent alors trois caractéristiques ; puis, aux systèmes de surfaces du second ordre, déterminées aussi par trois caractéristiques.

V

Ces travaux, qui dotent la géométrie proprement dite de la généralité qui semblait être jusqu'ici le domaine exclusif de l'analyse, ont fixé vivement l'attention des géomètres de tous les pays, particulièrement de la Société royale de Londres, qui a décerné à M. Chasles, en 1865, la médaille de Copley, la plus grande distinction, comme on sait, dont elle puisse disposer. Nous citerons ces derniers mots du rapport, fort étendu, de M. le général Sabine, président de la Société royale, sur les travaux de M. Chasles, qui se rapportent à la méthode dont nous venons de parler : « En considérant la grandeur et la nouveauté du « champ de recherches ouvert par M. Chasles, il « semble que, comme méthode de géométrie pure, la « nouvelle théorie ne le cède à aucune autre décou- « verte du siècle (1). »

« Ce n'est pas une gloire médiocre pour M. Chasles, dit M. Bertrand, à une époque qui a compté des géomètres tels que Gauss, Jacobi, Abel et Cauchy, d'être devenu, même pour une portion restreinte de la science, le représentant incontesté de ses plus grands progrès, et d'avoir, par là, placé à jamais son nom

(1) Considering the magnitude of the new fields of investigation thus opened out, it is probable that, as an instrument of purely geometrical research, the method of Chasles will, bear comparison with any other discovery of the century.

dans l'histoire de la géométrie, à côté des noms illustres
de ces chefs du mouvement mathématique au dix-neu-
vième siècle » (*Journal des Savants*, 1866).

VI

Il nous reste à ajouter à notre étude un des traits
qui accentuent le plus énergiquement le caractère
privé de ce savant. Si absorbé qu'il ait été pendant plus
d'un demi-siècle par les travaux qui l'ont placé au
premier rang, il est venu un moment où il s'en est
laissé complètement distraire par une erreur bien res-
pectable, qui menace de jeter quelque amertume sur
ses derniers ans.

Vers la fin de 1861, un individu, se disant archi-
viste-paléographe et faisant commerce de titres généa-
logiques, vint lui proposer, de la part d'un vendeur
anonyme, un certain nombre de documents qui lui pa-
rurent avoir tout d'abord un cachet d'authenticité in-
contestable. Originaux ou copies, ils révélaient un fait
dont l'étrangeté frappa son imagination, trop bien dis-
posée à la confiance par un sentiment passionné de la
gloire nationale, mais dont on ne saurait, en tout cas,
blâmer les entraînements désintéressés.

En effet, les documents comprenaient « de nombreuses séries de Galilée, de Pascal, de Louis XIV, de La Bruyère, de Molière, de Montesquieu ; des séries moins nombreuses de Boulliau, de Mariotte, de Rohault, de Saint-Évremond, de Locke, de Mme de Sévigné, de Rotrou, de Corneille, de La Fontaine, d'Etienne Pascal, de Mme Périer, de sa sœur Jacqueline, de Maupertuis, de Fontenelle, de J. Bernoulli, etc. ; un grand nombre de séries d'époques antérieures : deux mille lettres au moins de Rabelais, de très nombreuses lettres de Copernic, de Christophe Colomb, de Cardan, de Tartalea, d'Oronce Finé, de Ramus, de Budée, de Grolier, de Michel Nostradamus, de Calvin, de Mélanchton, de Luther, de J.-C. Scaliger, de Dolet, de Machiavel, de Michel-Ange, de Raphaël, de Thomas More, de Charles-Quint, etc., adressées à Rabelais ; de très nombreuses lettres et poésies de son ami Clément Marot ; des mystères inédits et de nombreuses poésies de Marguerite d'Angoulême ; des lettres et de nombreux quatrains en latin d'Anne de Pisseleu ; de nombreuses lettres, des poésies et des instructions de François Ier pour son fils ; des lettres et de nombreuses poésies de Marie Stuart ; plusieurs centaines de lettres de Montaigne ; de très nombreuses lettres de Shakespeare adressées à Larivay, à Philippe Desportes, à Mlle de Gournay ; des lettres et poésies de Philippe Desportes lui-même, de Ronsard, de Régnier, du Tasse, de Michel Cervantes, etc.

« En remontant au-delà du seizième siècle, citons de très nombreuses lettres et poésies de Dante, de Jean de Meung, de René d'Anjou, de Pétrarque, de Boccace, de Laure de Cabrière, la mie de Pétrarque, de Clémence Isaure, de Christine de Pisan, de Villon, de Charles d'Orléans; de nombreuses lettres de rois : de Philippe-Auguste, de saint Louis, de Philippe-le-Bel, de Charles V, de Charles VI, de Charles VII ; d'Agnès Sorel, de Jacques Cœur, de Commines, de Gutenberg, de Brantôme ; des lettres et des récits de Jeanne d'Arc, écrits, les uns par Agnès Sorel, les autres pendant sa détention, par la jeune fille, sa compagne de lit à Orléans, qui était admise à la visiter. »

VII

Quelques-uns de ces documents, — les seuls dont M. Chasles ait entretenu l'Académie dès les premiers jours de juillet 1867, — tendaient à démontrer radicalement que la découverte des lois de l'attraction revenait à Pascal. Certes, il y avait là de quoi émouvoir l'esprit le plus indifférent aux erreurs de l'histoire. Considéré comme l'un des apôtres les plus fervents de la science, poussé naturellement par la spécialité de ses études favorites dans la voie des investigations, M. Chasles crut trouver, dans les matières variées dont ces manuscrits traitaient, dans leur composition scientifique, historique ou littéraire, dans leur style, dans leur concordance absolue, la preuve de leur authenticité. Tout concourait, en outre, à fortifier sa confiance : l'ancienneté de l'encre, l'imitation de certaines écritures, la couleur et la nature des papiers, et, — ceci n'est pas indifférent, — le caractère de bonhomie, pour ne pas dire plus, de l'individu qui ne se présentait que comme intermédiaire entre lui et le véritable possesseur de cette formidable collection, formée, disait-il, dans les deux siècles précédents, emportée en Amérique en 1791, et revenue en France vers 1827.

Comment admettre qu'un seul individu ait pu composer, indépendamment de toutes les pièces scientifiques et autres, communiquées par M. Chasles à l'Académie, toutes les pièces et poésies françaises de Dante et de Pétrarque particulièrement? Il n'a pu les emprunter des ouvrages imprimés, qui ne renferment que des pièces en italien.

« Si l'on en croit certaines lettres, les pièces de Pétrarque, de Laure, de Clémence Isaure, auraient été envoyées à Rabelais par son ami Nostradamus, qui les avait recueillies à Avignon.

« La collection s'étend aux premiers temps de l'ère chrétienne et même au delà, car il s'y trouve quelques notes et de nombreuses lettres de Jules César et des empereurs romains : des apôtres, principalement de saint Jérôme, de Boèce, de Cassiodore, de Grégoire de

Tours, de saint Augustin, de plusieurs rois mérovingiens; un grand nombre de Charlemagne, ainsi que d'Alcuin.

« Voici, à en croire ces documents, l'origine de ce trésor. L'abbaye de Tours était très riche en documents anciens. Alcuin, qui en fut abbé, l'enrichit encore en faisant rechercher en Italie et dans les pays étrangers tout ce qui pouvait s'y rencontrer.

« Rabelais, qui était grand amateur de pièces de ce genre, et qui était même stimulé dans ses recherches par François I⁺ et Marguerite d'Angoulême, connaissait les archives de l'abbaye de Tours, et en fit faire des copies et des traductions en nombre considérable. Tout cela se trouvait à son ermitage de Langey, dépendant de la propriété des du Belley, et aurait passé dans la collection de l'intendant Foucault, mort dans les premiers temps du siècle dernier, membre de l'Académie des inscriptions.

« Quelles que soient ces pièces, il est certain que leur composition, si elles ne sont pas originales, a dû exiger un long travail, de nombreux matériaux; et si l'on considère qu'elles s'ajoutent à tant d'autres, de tous les temps jusqu'au siècle dernier, et traitent de tant de matières différentes, on ne peut croire qu'elles soient l'œuvre d'un seul individu, d'un seul fabricateur, qui, du reste, ne sait ni le latin, ni l'italien, ni aucune partie des mathématiques ni des autres sciences sur lesquelles roule une partie considérable des documents. » *(Comptes rendus de l'Académie des sciences*, 13 septembre 1869.)

VIII

Il y a donc là un mystère dont l'avenir donnera la clef; il y a donc présomption, jusqu'à preuve contraire, que les faussaires ont été placés sur la voie de leur combinaison machiavélique par la possession d'un certain nombre de documents véridiques. Non-seulement une note du seul coupable connu jusqu'à ce jour, trouvée dans ses papiers, porte qu'il a reçu, en 1861, du comte de Menou, revenu d'Amérique vers 1827, et mort en 1862, des documents précieux au nombre d'une vingtaine de mille; mais encore il a avoué que, parmi les documents vendus, il y en a de vrais! Cet aveu, si l'enquête le confirme, justifie complètement la facilité avec laquelle M. Chasles est tombé dans le piége.

Or, s'il y est tombé; si sa science profonde des matières dont traitent les pièces à lui vendues a été mise en défaut; s'il a soutenu pendant deux ans à l'Académie des sciences une discussion honorable dans son but, c'est avec une bonne foi dont on ne pouvait douter. Cette entière bonne foi, il l'a défendue, avec raison, contre les objections qui se produisaient.

Aujourd'hui le procès, dit des « faux manuscrits, » clôt le débat devant la docte Assemblée, et l'opinion publique doit en attendre l'issue, avant de se prononcer définitivement sur leur véritable origine, et même sur leur valeur respective.

Paris. — Typ. Alcan-Lévy, boul. de Clichy, 62.